우리 나라 75곳 평화비를 찾아 떠난 그림 기행

평화의 소녀상을
그리다

우리 나라 75곳 평화비를 찾아 떠난 그림 기행

평화의 소녀상을
그리다

김세진 글 그림

💛 보리

작가의 말

2016년 겨울, 종로 소녀상 지킴이 농성장으로 찾아온 한 시민이 꺼낸 말로 모든 게 시작되었습니다.

"전국에 있는 소녀상이 몇 개인지, 어디 있는지 아느냐."

소녀상 지킴이로 활동한 지 1년 가까이 되었지만 정작 소녀상에는 무관심했던 것이 부끄러워졌습니다. 그분이 건네준 케이비에스 데이터저널리즘 팀에서 만든 소녀상 지도를 보자마자 '이 지도로 소녀상을 찾아서 그림을 그려야겠다' 생각이 들었습니다. 그리고 길을 나섰습니다.

그렇게 2017년 5월 15일부터 8월 26일까지 100일이 넘는 여정 끝에 전국 75곳의 소녀상을 만나고 왔습니다. 낮에는 그림을 그리고, 밤에는 소녀상 옆에서 노숙을 하며 완성한 75점의 소녀상 그림을 이제 책으로 엮게 되었습니다.

소녀상이 어디서, 어떻게 '살아가는지', 제가 보고 온 것을 함께 보아 주셨으면 합니다. 소녀상은 세대와 성별, 지역을 뛰어넘어 다양한 형태와 방식으로 표현되지만, '일본군 성 노예제 문제'의 정의로운 해결을 한 목소리로 외치고 있습니다.

한목소리를 내는 수많은 분들이 뜻을 모아 우리 나라 곳곳에 소녀상을 세웠습니다. 제가 소녀상 그림 기행을 마쳤던 2017년 8월 이후 지금까지도 전국에 수많은 소녀상이 세워지고 있습니다. 앞으로도 그러리라 생각합니다. 그만큼 많은 사람들이 문제 해결을 간절히 바라고 있다는 뜻이겠지요.

이 책을 보시는 분들 가운데 이미 같이 행동하는 분들은 '우리는 함께'라는 것을 잊지 않았으면 좋겠습니다. 그리고 마음은 있지만 어떻게 해야 할지 몰랐던 분들은 이 책이 계기가 되길 바랍니다.

부록에 담은 전국 평화의 소녀상 목록은 아직까지 정리된 자료가 없어서, 혼자 알아보며 자료를 정리했습니다. 잘못된 정보가 있다면 알려 주시길 부탁드립니다.

2018년 8월

김세진

차례

작가의 말 4

경상 (5월 15일~5월 30일)

전라 (6월 1일~6월 20일)

제주 (6월 11일)

충청 (6월 21일~7월 12일)

강원 (7월 13일~7월 14일)

경기 (7월 6일~8월 8일)

서울 (8월 9일~8월 26일)

부록

철거의 아픔을 간직한 소녀상

부산 일본영사관 앞

맨 처음 찾아간 소녀상은 부산 일본영사관 앞 소녀상이다. 이 소녀상은 일본영사관 벽을 바라보고 있고, 영사관 정문에서도 많이 떨어져 있지 않았다. 소녀상 자리가 뜻밖이었다. 그런데 소녀상 뒤에서 영사관 벽 너머를 바라보니 영사관 안에 세운 일장기가 보였다. 소녀상이 있는 자리는 일장기가 똑바로 보이는 자리인 것이다.

아쉽게도 그림으로는 설치 의도가 담긴 소녀상을 표현하지 못했다. 8차선 도로 가에 소녀상이 설치되어 있다 보니 큰 차들이 쌩쌩 달리는 구간이라 뒷모습을 그리기에는 위험했기 때문이다. 다음 번에는 소녀상이 바라보고 있는 일장기까지 모두 그려 보려고 한다.

부산 일본영사관 앞 소녀상을 첫 번째로 그린 데에는 까닭이 있다. 이 소녀상은 한 번 철거되었다가 다시 설치한 소녀상이다. 바닥에는 소녀상을 끌어낸 흔적이 뚜렷하게 남아 있었다. 소녀상 지킴이들이 서울 일본대사관 앞 소녀상이 철거되지 않도록 1년 365일 날마다 지키고 있는데, 철거의 아픔을 겪은 이 소녀상을 처음 그리면서 소녀상을 함께 지키고 있다는 마음을 전하고 싶었다.

부산에 처음 세운 소녀상

부산 어린이대공원

부산 어린이대공원 등산로 입구에 부산에서 최초로 소녀상이 세워졌다. 많은 사람들이 지나다니면서 소녀상을 볼 수 있는 자리다.

소녀상을 처음 보았을 때, 당차게 서 있는 모습이 인상 깊어서 소녀상을 강인하게 묘사했다. 이 소녀상은 소녀상 뒤 석상에 새긴 그림자가 특징이다. 그림자는 할머니가 구부정하게 서 있는 모습인데 그 옆에 '우리 할머니다!'라는 글귀를 새겼다. 이 문제가 '위안부' 피해 할머니들만의 문제가 아니라 그 할머니들은 우리들의 할머니이고, 누구나 우리 문제라고 여겨야 할 문제라는 것을 얘기하고 있다.

이 소녀상을 찾아가는 길에 나를 반갑게 맞아 주는 사람이 있었다. 그 사람과 이야기를 하며 마치 시민단체 활동가와 이야기하는 듯해서 '전날 일본영사관 앞에서 만났던 사람인데 내가 못 알아본 건가?' 하는 생각이 들었다. 알고 보니 놀랍게도 그 사람은 부산 경찰서 정보과 형사였다. 그 형사는 나중에 공부를 더 해서 인권변호사가 되고 싶다고도 했다. 서울에서 보던 경찰과 다른 모습이라 당황스러우면서 신선했다.

친구 같은 조각상과 함께 있는 소녀상

울산대공원

울산대공원 소녀상 옆에는 여러 조각상들이 있다. 그림에서는 소녀상이 가운데에 오도록 그렸다. 둥그렇게 조성된 잔디밭에 조각상들이 듬성듬성 서 있는데 소녀상이 함께 있는 것이 아주 자연스러웠다. 조각상들이 많이 있어서 그런지 소녀상 옆에 친구가 같이 있는 듯했다. 공원에는 등산로도 있어서 새벽 다섯 시부터 많은 사람들이 지나다녔다.

소녀상을 그리고 있을 때 지나가던 한 어르신과 이야기를 나누게 되었다. 그러다가 자녀 진로 문제를 나에게 물었는데, 아침 여덟 시부터 무려 네 시간 동안 이어졌다. 이야기가 끝날 즈음 오랫동안 시간을 빼앗아 미안하다며 집에 가서 밥을 챙겨오겠다고 했다.

약속한 시간이 지나도 오지 않아 안 오는가 싶었는데 기다리다 지칠 때쯤 그분이 돌아왔다. 집에 가니 밥이 없어서 새로 밥을 지어 오느라 늦었다고 한다. 기다리는 시간이 힘들었지만 덕분에 갓 지은 밥을 먹을 수 있었다.

바라만 봐도 기분 좋은 소녀상

포항 환호공원

소녀상이 어떤 모습이어야 가장 예쁘게 보이고, 가장 좋은 환경에서 사랑받는다고 느낄지, 사람들이 지나가면서 이 소녀상이 사랑받고 있구나 하고 느낄지, 아주 많이 고민하면서 세운 느낌이 드는 소녀상이다.

그저 바라만 보고 있어도 좋아서 그림을 그리지 않고 오전 내내 소녀상만 바라보고 있었다. 예쁜 풍경을 보는 것 같아 아주 기분이 좋아지는 소녀상이다. 소녀상 뒤로는 설립에 참여한 시민들과 단체 이름이 병풍처럼 둘러져 있다.

그렇게 소녀상을 계속 바라보고 있는데 마침 근처 유치원에서 아이들과 선생님이 함께 산책을 나왔다. 아이들은 뛰면서 돌아다녔고 갑자기 한 아이가 소녀상으로 달려들었다. 그러자 다른 아이들도 모두 소녀상 앞으로 와서 뛰어놀기 시작했다. 지켜보던 유치원 선생님은 "아유, 저 애국자들, 또 소녀상에 가서 노네" 했다.

소녀상을 세우기 위해 준비했던 사람들이 얼마나 많은 사랑을 쏟아부었는지, 그리고 그것을 느낀 사람들이 그 사랑에 어떻게 반응하는지를 볼 수 있었다. 어쩌면 정말 행복한 소녀상이 아닐까 싶다.

시민들 목소리와 함께하는 소녀상

대구 2·28기념중앙공원

대구 2·28민주운동을 기념한 공원 앞에 소녀상을 세웠다. 소녀상 옆에 세운 나무 조형물에는 시민들 목소리가 담긴 포스트잇이 붙어 있다. 그림으로 표현하지 못했지만, 이 나무는 남성과 여성, 그리고 어린아이가 떠받들고 있다. 나무를 이제 막 세우는 느낌이 들기도 하고, 사람들이 이 나무를 지탱하는 것 같기도 하다.

그림을 그리느라 직접 보지는 못했지만, 어느 초등학생 여자아이가 이곳을 지나가다가 한참을 멈춰 서서 뚫어지게 보더니 소녀상 앞으로 다가가 손을 꼭 잡아 주고 눈물을 글썽이다 갔다는 이야기를 들었다. 소녀상에 가장 많은 관심을 보였던 사람들도 십 대 학생들이었다. 대구, 경북에 대해 안 좋게 이야기하는 사람들이 많지만, 나는 오히려 경상도를 다니며 밝은 미래를 보았다.

이때 그린 그림이 광명시에서 열린 소녀상 야외 전시회에서 비를 맞고 손상되었다. 책에는 나중에 다시 그린 그림을 실었다.

대구에 처음 세운 소녀상

대구여자상업고등학교

대구에 최초로 세운 소녀상이다. 이용수 할머니를 모델로 했고, 의자는 정육점에서 쓰던 나무 도마를 본떠 만들었다. 나무에 난 무수한 상처는 과거의 상처를 의미하고, 뒤에 돋아난 새싹은 희망을 뜻한다. 소녀상 뒤쪽에 벗겨진 신발이 있고, 손에는 손수건을 든 것처럼 보이지만, 손수건이 아니라 태극기다.

그림에서는 태극기를 표현하지 않았다. 2011년 헌법재판소에서 외교적 특성을 고려하더라도 국가가 피해자 구제에 적극 나서지 않는 것은 위헌이라는 판결을 내렸다. 그런데도 1965년 한일협정, 12·28한일합의 등 피해 당사자의 목소리를 배제한 채 일본과 합의를 했다.

이런 상황에서 손에 꼭 쥔 태극기는 마치 조국을 그리워해야 한다는 강요처럼 느껴졌다. 피해자들에게 애국심을 강요하는 것은 또 다른 폭력이라 생각해 태극기 문양을 지우고 천으로 표현했다.

지역 작가의 작품으로 세운 소녀상을 본 것은 처음이라 매우 인상적이었다. 그래서 일부러 배경을 그리지 않고 소녀상에 집중해서 그림을 그렸다.

상주 감 두 개가 놓인 소녀상

상주 왕산역사공원

역사공원이라는 이름에 걸맞게 고풍스러운 옛 건축물이 인상적인 곳이다. 그래서인지 소녀상도 고풍스러운 느낌이 든다. 소녀상 뒤에 상주 감 두 개가 놓여 있는 게 특징이다. 나뭇가지에 달린 감 두 개를 동상으로 제작해 두었는데 그림에서 제대로 표현하지 못한 것 같아 아쉬움이 든다.

여기서 만난 할머니 말씀이 지금까지도 기억난다.

"나는 학력이 높거나 공부를 많이 한 것도 아니다. 뭘 많이 배운 사람도 아니다. 나는 그저 시골 할머니다. 그런데 이런 나조차도 이게 잘못된 건 안다. 나뿐만 아니라 여기 지나가는 사람들한테 다 물어봐라. 모두 다 잘못됐다고 한다. 누가 이걸 잘했다고, 좋은 일이라고, 과거 일이니까 그냥 넘어가자고 그런 말을 하겠냐."

많은 사람들이 이 할머니의 말을 귀 기울여 들어주기 바란다.

경북에 처음 세운 소녀상

군위 사라온이야기마을

군위군 소녀상은 대구여자상업고등학교에 있는 소녀상과 똑같은 모습으로, 이 둘은 자매 소녀상이다. 경북에 처음 세운 소녀상이기도 하다.

군위군 사라온이야기마을은 인구수가 2만 5천여 명, 가구수가 1만 5천여 가구인 작은 시골 마을이다. 내 고향 완주군보다 더 시골인 곳을 간 것은 처음이었다. 완주군이 그나마 큰 시골이라는 말을 들었는데, 이 말을 처음으로 실감한 곳이 사라온이야기마을이다. 이렇게 작은 마을에서 경북 지역 최초로 소녀상을 세웠다. 참 대단한 일이다.

그림 오른편에 보이는 바위 위에 두꺼비 두 마리가 있는데 실제로는 소녀상과 많이 떨어져 있다. 하지만 이 두꺼비가 귀여워서 소녀상과 함께 한 폭에 담았다.

보호가 필요한 소녀상

창원 오동동문화광장 입구

2013년 7월부터 2년 동안 노력한 끝에 세운 이 소녀상은, 이 지역 사람들에게 '마산'이라는 옛 행정구역 이름으로 익숙한 곳에 있다.

첫눈에 때가 탄 게 보여 관리가 소홀한 게 아닌가 하는 느낌이 들었다. 소녀상 옆에 놓인 항아리는 설명이 없어 그 의미를 알 수 없었다. 소녀상과 함께 있는 예술 작품인데도, 여기에 누군가가 소변을 보기도 하고, 소녀상에 자전거를 묶어 놓고 가 버리기도 했다. 나중에는 항아리가 깨지기도 했다. 보면 볼수록 안타까운 소녀상이다.

소녀상을 그리려고 하는데 한 할아버지가 "이런 걸 왜 자꾸 만드느냐, 과거 일을 언제까지 걸고 넘어질 거냐" 하는 말을 했다. 서울에서 소녀상 지킴이 활동을 할 때도 들었던 말이다. 부산을 시작으로 이제껏 응원을 받으며 그림을 그려 오다 보니, 이 말이 나에게 상처가 되었다. 결국 이날은 그림을 그리는 데 집중할 수 없어 사진만 찍었다. 이 그림은 그림 기행을 마치고 나중에 집에서 마무리했다.

시민 한 명이 세운 소녀상

김해 서울이비인후과

서울이비인후과 정태기 원장이 세운 소녀상이다. 정태기 원장은 일본 군 '위안부' 문제를 다룬 그림책《꽃할머니》를 수백 권 사서 지역에 무료로 나눠 주기도 하면서 평소에 '위안부' 문제에 관심을 가지고 활동하던 분이다.

우리 나라 소녀상 가운데 세 개만 실내에 있는데 그 가운데 하나다. 이 소녀상은 의자가 없는 것이 특징인데, 우리 사회에서 아직 제자리를 찾지 못한 피해자들을 상징한다. 소녀상 뒤에 있는 배경을 하나하나 묘사하느라 그림을 그리는 데 여섯 시간 정도 걸렸다.

이 소녀상을 그리러 갈 때는, 소녀상이 바깥에 있을 거라고 생각했다. 지도를 따라 소녀상을 찾아오니 병원 로비였다. 그래서 다른 곳에서처럼 소녀상 옆에서 노숙은 할 수 없었다.

단체가 아닌 개인이 소녀상을 세운 것이어서 정태기 원장을 직접 만나 이야기를 나누고 싶었지만, 아쉽게도 자리를 비운 날이라 다음을 기약할 수밖에 없었다.

일본을 바라보며 서 있는 소녀상

거제문화예술회관

거제문화예술회관 앞에 있는 소녀상은 일본을 바라보며 서 있다. 이 소녀상은 김서경, 김운성 작가의 작품 가운데 서 있는 모습으로는 처음 제작된 것이다.

소녀상 지킴이 활동을 하고 있을 때 통영, 거제 지역의 초등 역사탐방 모임에서 일본대사관 앞 소녀상을 찾아온 적이 있었다. 인솔 교사가 거제에 있는 소녀상은 서 있는 모습이라며 자랑을 해 꼭 한 번 보고 싶었다.

소녀상의 그림자는 할머니가 구부정하게 서 있는 모습이다. 손에 청동으로 만든 파랑새를 들고 있는데, 소녀가 목소리를 내는 것이 피해자이기 때문이 아니라 평화를 바라는 평화운동가이기 때문이라는 뜻에서 평화의 상징인 파랑새가 제작되었다고 한다.

5월 말에 그림을 그렸는데, 때이른 더위로 하루 크게 앓았다.

돌로 만든 소녀상

통영 남망산조각공원

통영 지역 작가의 작품이며 '정의비'라고도 불린다. 처음에는 강구안 문화마당에 설치하려 했지만 무산되었다.

강구안은 통영, 거제 지역 '위안부' 피해자들이 부산으로 가기 전에 모인 장소라는 의미가 있었지만, 강구안 문화마당에 소녀상을 설치하면 다른 단체들도 설치물을 세우고 싶어 할 것이라는 이유로 통영시에서 허가하지 않았다.

통영에 세운 소녀상은 독특하다. 돌로 만든 토템같이 투박하고 친근한 모습이어서 이 공원을 더욱 평화롭게 만들어 준다. 울타리 쪽에는 일본군 '위안부'에 대한 상세한 설명이 동판에 새겨져 있다.

남망산조각공원에 자리잡은 소녀상이 바라보는 풍경이 아름다워 마치 소녀상이 이곳에서 편안히 쉬는 것 같은 느낌을 받았다.

박숙이 할머니를 기리며

남해 숙이공원

남해 출신 '위안부' 피해 할머니인 박숙이 할머니를 기리며 만든 소녀상이다. 제막식 때 박숙이 할머니가 오셔서 소녀상을 보며 "너도 숙이냐? 나도 숙인데"라고 말씀하셨다고 한다.

할머니가 살아 계실 때 가장 좋아했던 꽃이 동백꽃이라서 소녀상이 동백꽃을 한아름 안아 들고 있다. 또 남해에서는 갯벌에서 조개를 캐다 끌려간 일이 많아 그것을 상징하는 호미와 소쿠리를 옆에 두었다. 소녀상 뒤에 있는 동백나무 이름은 '숙이나무'이다.

처음부터 이곳을 숙이공원이라 부른 것은 아니었다. 할머니 이름이 '박숙이'인데, 영어로 쓰면 '숙이 팍'이다. 숙이공원의 영문 표기도 '숙이 팍'이니, 숙이공원으로 이름을 바꾸면 사람들이 할머니를 더 많이 기억할 수 있을 거라 생각해서 바꾸었다고 한다.

한 가지 아쉬운 점은, 오로지 지자체 예산으로만 소녀상을 세우다 보니 시민들이 참여할 수 없었다는 점이다.

목화 다발을 들고 있는 소녀상

진주교육지원청

이 소녀상은 진주교육지원청 광장 앞에 있다. '평등, 평화, 인권상'이라는 다른 이름을 가지고 있는데, 시민들이 성금을 모아 세웠다. 소녀상 뒤 건물은 1908년에 개교한 진주공립심상소학교로 현재 배영초등학교의 옛 건물이다. 당시 소학교에 다닐 나이의 소녀들이 끌려갔는데 소녀상이 소학교 앞에 세워져 더 짠한 느낌을 받았다.

그림에는 그 당시 소녀상 손에 들려 있던 목화 다발을 함께 그렸다. 영화 〈눈길〉에서 '위안부' 피해 할머니가 목화 뽑는 일을 하는데 그래서인지 소녀상 앞에 목화 다발을 갖다 놓는 사람들이 많아졌다.

진주에서는 좋은 인연을 만났다. 이다음 갈 곳이 산청 간디마을학교였는데, 마침 간디마을학교 교사였던 분을 만났다. 그분은 네팔 트레킹을 갔을 때 자기가 썼던 침낭을 선물로 주었다. 침낭은 소녀상 그림 기행을 마친 지금까지도 잘 사용하고 있다.

또 그림을 그리는 동안에 전문 사진 작가 유승근 씨가 내 모습을 잘 찍어 주어 지금까지도 그 사진을 잘 활용하고 있다.

학생들이 만든 소녀상, 봄이

산청 간디마을학교

경남 산청 간디마을학교에 세운 소녀상은 학생들이 진행한 '봄이를 찾아라'라는 프로젝트의 결과물로, 학생들 스스로 기획하고 만든 소녀상이다.

학교 안 정자에 판자를 세우고 그 위에 그림을 그렸다. 전국에서 유일하게 이름을 갖고 있는 소녀상으로 이름은 '봄이'다. 이곳에서 학생들하고 이야기를 나눌 때 '우리 소녀상'이 아니라 '우리 봄이'라고 부르면서 이야기를 해 친근감이 많이 느껴졌다.

나무 판자 위에 그린 소녀상이지만 우리가 보통 생각하는 소녀상의 모습을 확장시켜 준다는 점에서 의미가 크다. 또 이 소녀상 둘레에는 비핵화 운동에 대해 학생들이 쓴 현수막과 세월호를 기억하며 접은 노란 종이배를 가득 채운 병도 있다. 봄이가 있는 이 정자는 학생들이 여러 가지 사회문제에 대해 논의하고 참여하는 장소로 계속 활용하고 있다.

발자국이 나비가 되어 날아가는 소녀상

남원 사랑의광장

경상도에서 그림 기행을 끝내고 전라도로 넘어왔다. 남원에 세운 이 소녀상은 길원옥 할머니를 모델로 했다.

이 소녀상은 여러 아이디어가 돋보인다. 소녀상이 내민 손은 일본의 참회를 요구하는 의미다. 소녀의 발 오른편에 발자국을 새겼는데, 이 발자국이 뒤로 가면서 점점 나비가 되어 간다. 이 모습은 나비가 모여서 발자국이 된 걸로 보이기도 하고, 이 소녀가 지나간 걸음걸음이 나비가 되어 날아가는 것처럼도 보인다. 나비가 되어서 날아가는 것은 세상을 먼저 떠난 분들도 한을 풀고 승천하라는 의미다. 그 옆에는 소녀상 건립에 참여한 시민들 이름이 적혀 있다.

저녁때쯤 비가 내려 노숙을 포기하고 숙소를 잡았는데, 비가 그쳤다. 이미 잡은 숙소라 어쩔 수 없이 하룻밤을 묵었다. 다음 날 길을 나서면서 숙소 주인과 이야기를 나누다가 내가 전국 소녀상 그림 기행을 하고 있다고 하니, 주인은 다음에 또 이런 일을 하게 되면 무료 숙박을 제공하겠단다. 나뿐 아니라 이런 뜻깊은 일을 하는 모든 사람에게 도움을 주고 싶다고도 했다. 세상은 혼자 행동하고 살아가는 것이 아니라 모두가 함께 행동하고 같이 살아가는 곳이라는 걸 또 한 번 느꼈다.

징검다리를 건너는 소녀상

곡성문화원

곡성 지역 작가의 작품으로 곡성 노인회가 설립에 큰 도움을 주었다. 이 소녀상은 신발 한 짝이 벗겨져 있고, 보따리를 들고 뒤를 바라보고 있다. 이는 피난길에 징검다리를 다급히 건너다 신발을 흘린 모습이다. 소녀상 양 옆으로 징검돌을 놓았고, 소녀상 발 아래는 곡성 지도를 새겼다. 뒤쪽 비석에는 소녀상 건립에 참여한 시민들 이름을 적었다. 그 옆에는 길원옥 할머니 기림비도 세워져 있다.

곡성에서는 응원을 많이 받았다. 그림을 그리는 동안 곡성문화원에서 일하는 분이 음료수를 챙겨 주기도 했다. 저녁을 먹으러 간 식당에서 만난 주인은 그림 기행에 큰 응원을 해 주며 이튿날 점심까지 든든하게 챙겨 주었다.

식당 주인이 '책상 위 작은 소녀상'에 관심을 보여 설명을 해 주었다. 책상 위 작은 소녀상은 12·28한일합의에 따라 소녀상을 철거하라는 일본의 요구에 항의하기 위해 더 많은 곳에 소녀상을 세우겠다는 의미로 시작한 운동이다. 그 밖에도 미니블럭 소녀상이나 작은 소녀상 제작 모금 운동에 대해서도 이야기해 주었다.

열두 편의 추모시와 함께

여수 이순신광장

여수 이순신광장 앞 소녀상은 2017년 삼일절에 설치되었다. 그해 가을 여수와 교류협력을 하고 있는 일본 가라쓰 시는 소녀상 설치가 두 도시 사이 교류에 영향을 줄 것이라는 내용의 서한을 보내오기도 했다.

소녀상 옆에는 자주색 기둥이 몇 개 있고, 대리석 삼각주가 소녀상을 중심으로 양 옆에 3개씩 모두 6개가 세워져 있다. 기둥마다 추모시가 두 편씩 새겨져 있어 모두 12편을 볼 수 있다.

그 가운데 내 눈을 사로잡은 것은 이옥근 작가가 쓴 '소녀 돌아오다' 이다. 고향 땅을 간절히 그리워하는 심정을 잘 표현한 시다. 발뒤꿈치를 들고 앉아야 하는 처지에 있는 소녀상과 적극적으로 피해자 구제에 나서지 않는 정부의 태도, 할머니들의 현실이 안타까워, 나에게 큰 울림으로 다가왔다.

풍광이 좋은 호수 앞 소녀상

순천조례호수공원

보통 소녀상을 그릴 때는 내가 소녀상을 마주보며 정면 모습과 배경을 그린다. 순천 소녀상은 뒷 배경이 상가 건물이어서 지금과 같은 그림이 나왔다. 하지만 소녀상이 바라보고 있는 곳은 호수가 펼쳐져 있어서 풍광이 아주 좋다. 그걸 그림에 담아내지 못해 참 아쉬웠다.

날이 꽤 더워서 체력이 많이 떨어졌다. 하루 쉬기로 하고 그날은 게스트하우스에서 묵었다. 숙소 주인과 이야기를 나누다 '위안부' 문제 해결에 자신도 같이 행동하고 싶다고 해, 정대협(한국정신대문제대책협의회)을 알려 주고 이곳에서 배포하는 소식지를 나누어 주는 활동부터 시작해 보면 좋겠다고 말씀드렸다.

그분한테서 여순 사건에 관한 이야기를 들었다. 나는 제주 4·3사건은 알고 있었지만, 여순 사건은 처음 듣는 거라 놀랍기도 했고 안타깝기도 했다.

이 세상엔 아직 우리가 해결해야 할 일이 많다는 것과, 또 같이 하고자 하는 분들이 많다는 것을 느끼며 내가 하고 있는 일, 내가 할 수 있는 일에 대해 깊게 생각해 보았다.

전남에 처음 세운 소녀상

해남공원

전라남도 지역에 최초로 세운 소녀상이다.

해남공원에 도착해 소녀상 사진을 찍고 유심히 관찰하고 있는데 어떤 사람이 다가와 나를 보고 뭐 하는 사람이냐고 물었다. 소녀상을 찾아 전국을 다니며 그림을 그리고 있다고 설명하니, 그제야 긴장을 풀고 이 소녀상은 "우리가 세웠다"고 한다. 지역사회 운동을 활발히 하는 분이었는데, 최근에 누군가가 소녀상에 생채기를 낸 일이 있어서 보호 감시를 하느라 좀 예민하게 반응을 한 것이다.

해남 소녀상 둘레에는 꽃이 있는데, 학생 교육 과정의 하나로 소녀상 옆에 꽃을 심기도 하면서 자연스럽게 평화 교육이 이루어지는 장소가 되었다. 지역 활동가들의 노력이 곳곳에 깃들어 있는 곳이다.

최근에는 전남 지역 평화비 네트워크를 조직해 연대 활동을 시작했다고 한다.

나주의 상징, 댕기머리를 한 소녀상

나주학생독립운동기념관

나주에 세운 소녀상은 나주의 특색과 상징을 함께 담은 소녀상이다. 이 소녀상은 댕기머리를 하고 있는데 나주에서는 댕기머리가 큰 의미를 가지고 있다고 한다. 우리가 알고 있는 '광주 학생독립운동'이 사실은 나주 학생들로부터 시작되었기 때문이다.

'나주 학생독립운동'은 1929년 10월 30일 광주에서 출발한 기차가 나주역에 도착했을 때 일본 남학생들이 조선 여학생의 댕기머리를 잡아당기며 희롱한 사건에서 비롯된 독립운동이다. 그래서 소녀상의 댕기머리는 당시 독립운동의 시발점이 된 그 사건을 상징한다.

소녀가 앉아 있는 곳에는 민초의 강인한 생명력을 의미하는 강아지풀도 함께 조각되어 있다. 그 뒤편에는 '끌려가는 걸음 얼마나 무서웠나요. 돌아오는 걸음 얼마나 무거웠나요. 미안합니다'라는 함민복 작가의 글귀를 새긴 비석이 있다.

전남 100여 개 단체가 함께 세운 소녀상

무안 전라남도청 앞 공원

전남 지역의 100여 개 단체가 설립에 참여해 세운 소녀상이다. 김대중 광장과 전남도청 사이에 있는 공원에 있다.

그런데 이 소녀상은 공원에 조성된 잔디밭 한가운데에 놓여 있어 선뜻 다가갈 수가 없다. 잔디를 보면 밟지 말아야 한다, 보호해야 한다가 먼저 떠오르는데, 그러다 보니 '내가 소녀상 가까이 가 봐도 될까?' 하는 생각부터 든다.

대구에서 가장 번화한 거리인 2·28기념중앙공원에 설치된 소녀상은 관심이 없어도 지나다니다가 "저런 게 있었어? 뭐야 저게?" 하고 묻기도 하고, "저거 소녀상이잖아" 하며 자연스럽게 이야기를 주고받다가 스스럼없이 소녀상에 다가가게 된다.

무안 소녀상이 자리잡고 있는 곳을 보고는 우리에게 가깝게 있는 거리가 중요하다는 걸 새삼 느꼈다.

그림을 미완성으로 남겨 둔 소녀상

목포근대역사관(구 일본영사관)

목포에 세운 소녀상은 목포근대역사관 앞에 있다. 이 건물은 옛 일본 영사관 건물이다.

내가 그린 소녀상 가운데 미완성으로 남겨 둔 그림이 두 점 있는데, 목포와 군산에 세운 소녀상 그림이다. 이 두 곳은 아직 일본 제국주의의 잔재가 남아 있는 곳이다.

관광 안내문에는 '신사'에 대해서 '신을 모시는 장소'로 풀이를 해 놓았다. 사실 '신사'는 일본 사람들이 자기 신을 모시기 위해 만든 것인데, 일제강점기에 일본 사람들이 세운 건물을 그렇게까지 설명할 필요가 있을까 하는 의문이 들었다. 그런데 마침 내 옆을 지나가던 사람도 똑같은 말을 하는 걸 들었다. 군산 동국사에서도 이와 비슷한 일이 있었다.

소녀상 건립은 일제강점기에 벌어진 문제를 해결하기 위해 시작한 시민운동이다. 일제에 대해 설명할 때 역사의식을 가진다면 '위안부' 문제 해결도 한 발 앞당겨지지 않을까.

아직까지 해결되지 않은 '위안부' 문제를 보여 주기 위해 그림을 미완성으로 남겨 두었다.

십 대들이 기금을 모아 세운 소녀상

광주시청

십 대 청소년들이 중심이 된 '착사모'(착한 사람들의 모임)가 크라우드 펀딩으로 자금을 모아 세계 일본군 '위안부' 기림일(8월 14일)에 세운 소녀상이다.

설립한 뒤에 소녀상이 강한 바람에 쓰러져 팔이 부러진 적이 있었다. 이 일로 소녀상 건립을 준비하는 지역에서 서 있는 자세의 소녀상에 대한 불안감이 커지기도 했다. 다행히 재시공을 해서 지금까지는 큰 문제가 없다고 한다.

손에 앉은 나비는 평화를 뜻하고, 바닥에 태극 문양으로 후원자 명단을 새겼다. 명단에는 아이돌 그룹 엑소의 타오와 팬클럽인 올벗의 이름도 있는데, 아마 팬클럽에서 가수 이름으로 기부를 한 것으로 보인다. 다른 이야기지만, 배우 박보검이 '위안부' 문제에 관심이 많다고 해 박보검 팬클럽에서 수요집회를 주관한 적도 있다. 팬클럽이 사회 운동에 함께 참여하는 색다른 모습을 엿볼 수 있었다.

태권도 품새 자세를 한 소녀상

정읍 연지아트홀

정읍 소녀상은 한일합의 1년에 맞춰 항의하는 의미로 세웠다.

소녀상이 태권도 품새 자세를 하고 있다. 그 옆에는 5·18광주민주화운동의 진실을 알리기 위해 전두환 군부 정권에 저항하다 끝내 분신으로 광주의 목소리를 알린 최덕수 열사의 추모비가 있다. 평화의 소녀상과 열사 추모비가 함께 있으니 투사의 느낌, 투쟁적인 모습이 증폭되어 인상 깊었다.

그림 기행을 할 때 연지아트홀이 공사를 하고 있어서 소녀상 옆에서 노숙은 하지 못했다.

일제강점기 경찰서 자리에 세운 소녀상

담양 중앙공원

담양 중앙공원은 일제강점기에 경찰서가 있던 곳이다. 그곳에 '위안부' 문제를 이야기하는 소녀상을 세운 것은 역사적인 의미가 있다. 소녀상은 6·15남북공동성명을 기념하며 세웠다.

담양 시민들이 참여해 세운 소녀상이어서, 설문조사에서 사람들이 가장 많이 고른 소녀상으로 제작했다. 바로 우리가 흔히 '소녀상'이라고 하면 떠올리는 모습의 소녀상이다. 나도 제막식에 참석했는데, 이 소녀상을 만든 김서경, 김운성 작가가 '자신의 작품이 소녀상 하나로 굳어지는 것이 작가로서 걱정된다'는 말을 한 것이 기억난다.

소녀상의 모습이 하나로 고정되는 것보다는 지역마다 특색을 살린 소녀상이 많아지는 게 더 뜻깊지 않을까 생각한다.

풍남문과 잘 어우러진 소녀상

전주 풍남문광장

내 고향 전주에 있는 소녀상이다. 소녀상 바로 뒤에는 나비 떼가 날아가는 설치물이 있는데, 소녀상을 세운 뒤 나중에 따로 설치한 것이다. 실제로 보았을 때는 뒤에 있는 풍남문이 배경이 되어서인지 나비 떼가 그렇게 눈에 띄지는 않았다. 모든 조각이 그렇겠지만 설치하는 장소와 잘 어우러진다면 그것만으로도 훌륭한 예술 작품이라고 생각한다.

고향에 있는 소녀상이다 보니, 무언가 더 보여 주고 싶다는 마음에 보통 때보다 더 풍부하게 색깔을 써서 그린 그림이기도 하다. 그림을 그릴 때 남문광장의 세월호 농성장에서 파라솔과 책상을 빌려줘 이제까지 그림을 그리면서 가장 편하고 시원하게 그렸다.

마침 광장 옆에서 이동식 갤러리로 전시를 하고 있었다. 서울이 아닌 지역에서는 그림 작품이나 공연 같은 예술 활동을 접하기가 쉽지 않은데, 이동식 갤러리로 문화 소외 지역에 전시회를 열면 좋겠다는 생각을 했다.

일본식 사찰에 세운 소녀상

군산 동국사

　군산 소녀상은 동국사라는 절 안에 있다. 동국사는 일제강점기에 세운 사찰이다. 군산 소녀상은 동국사가 문 여는 시간에 자유롭게 볼 수 있다.

　검은색과 남색, 어두운 갈색으로 이루어진 사찰의 전체 분위기에 맞추어 소녀상의 재질을 선택한 듯하다. 그렇다고 해서 어두운 톤의 소녀상이 때가 탄 느낌이 아니라 고급스러운 색이어서 주변 환경과 잘 어울린다는 느낌이 든다.

　동국사에 소녀상을 세울 때 성금을 모았는데 일본 사람들도 함께 모아 주었다. 소녀상 앞에는 대한해협을 상징하는 77개의 타일로 만든 연못이 있다.

바람, 돌, 여성, 제주를 품은 소녀상

제주 방일리공원

방일리공원에 세운 이 소녀상은 제주 지역 대학생들이 중심이 되어 세웠다. 제주의 특징을 잘 살린 소녀상이기도 하다. 제주도 하면 떠오르는 것은 바람, 돌, 여성인데, 살짝 휘날리는 머리칼로 바람을, 소녀상 뒤의 돌담으로 돌을, 소녀상으로 여성을 담았다. 바닥에는 빨간 점이 있는데, 이는 동백꽃을 표현한 것이다. 동백꽃은 제주 4·3사건 때 희생된 사람들을 추모하는 상징이다.

같은 소녀상이라도 지역의 목소리, 지역의 역사를 담아 표현한다면 더 의미가 있지 않을까. 나주에서 댕기머리를 형상화했듯이 제주에서는 동백꽃을 새겼다.

소녀상은 '위안부' 문제를 넘어서서 평화와 인권의 상징이 되어가고 있다. 할머니들도 피해자가 아니라 인권운동가로 활동하고 있다.

전국에 이렇게 많은 소녀상이 왜 필요하냐는 의견도 있는데, 지역성과 역사성을 담은 소녀상은 '위안부' 문제뿐만 아니라 평화의 상징이자 인권 운동이라는 인식이 널리 퍼지길 바란다.

송신도 할머니를 기리며

논산시민공원

논산시민공원은 아주 잘 꾸며 놓은 공원이다. 많은 시민들이 찾는 곳에 소녀상을 세워 누구나 친근하게 다가갈 수 있다. 2016년 광복절에 소녀상을 세웠는데, 그해 12월 논산 출신 '위안부' 피해자 송신도 할머니의 기림비도 함께 세웠다.

송신도 할머니는 일본 정부를 상대로 사죄와 배상을 요구하는 재판을 진행했지만, 일본 최고재판소에서 패소하고 말았다. 하지만 할머니는 "재판에서 졌지만 마음은 지지 않았다"는 말을 남겼다.

그림을 다 그리고 소녀상 옆에서 잠을 청하는데 조명이 너무 밝았다. 공원이라서 빛을 보고 모여드는 날벌레가 많아 다른 어느 곳보다도 노숙이 힘들었다.

일상에 스며든 소녀상

청주청소년광장

이 소녀상은 청주 시민들이 즐겨 찾는 광장에 있다. 이곳에 소녀상을 세운 뒤 지역 주민들과 청소년들이 계속해서 관리해 나가고 있다.

그림에서는 소녀상을 작게 표현했는데, 사람들의 일상에 소녀상이 스며들어 있는 모습을 담아내고 싶었다. 한쪽에서는 아이들이 농구를 하고, 그림에서 표현되지 않았지만 나무 아래 긴 의자에 주민들이 앉아 이야기를 나누고 있다. 주민들의 일상, 그 속에 자리한 소녀상이 평화롭게 느껴졌다.

이 소녀상을 그릴 때 케이비에스에서 취재를 와 카메라를 들이대고 있는데도 일상의 안정감과 평화로움 덕분에 그림을 그릴 때 거침없이 붓질을 했던 기억이 난다.

그림 그리기 전날 청주에 도착했는데 비가 내렸다. 숙소를 찾으려고 우연히 들른 카페에서 주인이 가게 열쇠를 주며 하룻밤을 지내라고 했다. 평소에 지역사회 활동을 많이 해 오고 있어서, 내가 하고 있는 소녀상 그림 기행에 도움을 주고 싶다고 했다. 덕분에 그동안 쌓인 피로를 조금이나마 풀 수 있었다.

평화의 우체통과 함께

세종호수공원

세종호수공원에 세운 소녀상이다. 소녀상 뒤에는 우리가 교과서나 사진으로 가장 많이 본, '위안부' 피해 할머니 가운데 한 분인 박영심 할머니의 사진을 석벽에 새겼다. 소녀상 옆 나무 앞에는 부산 일본영사관 앞에 설치한 소녀상에 있는 것과 같은 우체통이 있다. 하나는 소녀상에게 보내는 편지를 넣는 통이고, 다른 하나는 가족이나 사랑하는 사람에게 보내는 편지를 넣는 통이다.

세종시는 행정도시여서 그런지 낮에는 사람이 잘 보이지 않는데, 퇴근 시간이 지나자 사람들이 거리로 나오기 시작했다. 가족들이 공원에 와서 어린 자녀가 소녀상 뒤에 있는 사진이 뭐냐고 물어보면, 부모님들이 소녀상과 사진의 의미에 대해 잘 설명해 주는 모습을 볼 수 있었다.

이날은 노숙을 하지 않았다. 정대협에서 주최한 워크숍에 참여하기 위해 서울로 올라갔다가 사흘 뒤 그림 기행을 다시 시작했다.

대전, 충청에 처음 세운 소녀상

대전보라매공원

대전, 충청 지역에 가장 먼저 세운 소녀상이다. 소녀상 뒤편에는 후원자 명단이 낮은 울타리처럼 있다. 울타리는 어떠한 것을 지키기 위해 세우는 것인데, 대전 시민들이 소녀상 곁을 지키고 있다는 의미로 보였다.

대전보라매공원에 있는 소녀상은 다른 곳에서 만난 소녀상과 색깔이 조금 다르다. 지역마다 같은 작가가 만든 같은 모습의 소녀상이라도 어떤 소녀상은 볼이 홀쭉하고 어떤 소녀상은 포동포동하다고 느낄 때가 있었다. 하나의 틀로 소녀상을 만드는 것이 아니라 매번 새로 틀을 짜고 만든다는 걸 이 소녀상을 보면서 확신하게 되었다.

세계인권선언기념일에 세운 소녀상

천안터미널사거리 옆

천안 소녀상은 세계인권선언기념일인 12월 10일에 맞추어 세웠다. 천안에서 사람들이 가장 많이 오고 가는 길은 '야우리 거리'인데, 그 거리에서 5분 정도 떨어진 거리에 소녀상이 있다.

야우리 거리에 견주면 사람이 많이 오가지 않는 곳이지만 쉽게 찾아갈 수 있는 곳이다.

학생이 스케치한 그림으로 만든 소녀상

천안 목천고등학교

천안에는 2개의 소녀상이 있는데 그 가운데 하나는 고등학교에 세워졌다. 그 학교가 목천고등학교인데 소녀상을 세운 사연이 독특하다.

최인섭 교장 선생님 강연을 듣고 김민지 학생이 스케치를 그렸다. 그 스케치를 보고 소녀상 제작을 추진했다고 한다. 소녀상은 김성미 선생님과 그 후배인 황석인, 이지수, 임성하 작가의 재능기부로 제작되었다.

75곳 그림 기행을 마친 2017년 11월에 한 시사 예능 프로그램에서 소녀상이 설치된 지역의 목록을 방송한 적이 있는데, 서른 곳도 채 안 되었다. 아마 '나눔의집'이나 '정대협'에 물어보고 조사한 자료인 듯하다. 정부나 관련 단체에서 전국에 생겨나는 소녀상을 한데 모아 관리하는 일이 필요하다고 생각한다.

소녀상 그림 기행을 시작한 뒤로 '전국 소녀상'이라는 키워드가 생겨나고, 지도 어플에서 검색되지 않던 지역의 소녀상이 검색되는 것을 볼 때 내가 한 행동이 헛되지 않았구나를 느낀다.

'소녀상 수호대'가 지키는 소녀상

서천 봄의마을광장

어느덧 그림 기행을 시작한 지 한 달 반이 되었다. 서천에 있는 소녀상에 도착했을 때 한 학생이 나를 알아봐 주었다. 쑥스럽기도 하고 고맙기도 해서 어떻게 나를 아는지 물어보았다. 학생은 서천고등학교 '소녀상 수호대'에서 활동하고 있다고 자신을 소개했다.

서천고등학교 학생 동아리인 '소녀상 수호대'는 토요일마다 봄의마을광장에 설치한 소녀상 둘레를 청소하고, 시민들을 대상으로 소녀상에 대해 설명한 뒤 '위안부' 문제의 올바른 해결을 위한 서명을 받는다고 했다.

사실 서천 소녀상은 서천시의 반대로 계획한 곳에 세우지 못할 뻔했다고 한다. 그런데 고등학생들과 지역 시민들이 탄원서를 제출하고 온갖 노력을 기울여 소녀상을 세웠다.

이 소녀상은 앉아서 손에 내려앉은 나비를 살짝 웃는 얼굴로 바라보는 모습이다. 마침 그림을 그릴 때 소녀상 옆에 시민들이 가져다 놓은 고무신이 있어 함께 그림에 담았다.

서산 농부들이 지켜낸 소녀상

서산시청 솔빛공원

서산 소녀상을 그리러 솔빛공원에 도착해 보니 마침 농산물 직거래 장터가 열린 날이었다. 농부들이 쳐 놓은 천막이 소녀상을 가리고 있었다. 소녀상을 가리지 말아 달라고 부탁을 하자 천막 사이를 벌려 그림에서처럼 공간을 확보할 수 있었다.

농산물 직거래 장터는 늘 다른 곳에서 열렸는데 최근에 솔빛공원으로 바뀌었다고 한다. 알고 보니, 이곳에 소녀상을 세울 때 서산시와 마찰이 있었는데 서산 농민들이 중심이 되어 솔빛공원에 설치를 이끌어 냈던 것이다. 그 뒤 알 수 없는 까닭으로 늘 열리던 농산물 직거래 장터가 폐쇄되어 솔빛공원으로 장소를 옮겨 장터를 이어 왔다고 한다.

이 이야기를 듣고 나서 소녀상을 세우기 위해 애쓴 농민들 마음을 기억하기 위해 천막에 '서산 농부들'이라는 글자를 더 또렷하게 표현했다.

평화를 찾은 듯 웃음 짓는 소녀상

당진버스터미널광장

이 소녀상은 당진 지역 작가가 만든 소녀상이다. 작가는 '위안부' 피해 할머니들의 슬프고 아픈 기억에 지역성을 더하고, 기존 의미에서 벗어나지 않는 범위 내에서 예술성을 더해 지금의 소녀상을 만들었다고 한다.

소녀가 팔을 벌리고 서 있는 모습은 과거의 아픔을 극복하고 자유로운 영혼이 되길 바라는 마음을 표현한 것이고, 오른손 위 날개를 펴고 앉은 새는 평화와 자유를 상징하고 하늘과 땅을 이어 주는 역할을 한다. 바닥에 있는 물방울 파장은 미래 세대까지 민족의 아픔과 슬픔, 역사적 교훈이 전달되길 바라는 마음을 담았다.

사실 이 소녀상은 표정이 없는 얼굴이지만, 그림을 그릴 때 소녀상이 왠지 웃고 있는 듯 보여서 밝은 표정을 그려 넣었다. 웃는 얼굴을 보니 진정한 평화가 마침내 손에 들어와 행복을 찾은 듯 느껴졌다.

노란 바람개비와 함께

아산 신정호조각공원

아산 소녀상은 신정호조각공원 안에 있다. 소녀상 둘레에 돌고 있는 수십 개의 바람개비가 퍽 인상적이다. 세계 여성의 날(3월 8일)에 세웠는데, 처음에는 온양온천역 앞에 세우려다가 이곳에 자리잡게 되었다.

7월로 접어들자 장마가 시작돼 노숙을 하지 못하고 천안에 사는 친구 집에서 잠을 자고 그림 기행을 이어 갔다. 조각공원에서 그림을 마무리하고 집에 가려는데 버스가 지나다니지 않았다.

알아보니 이곳을 지나는 마을버스가 오후 여섯 시부터는 두 시간에 한 대씩밖에 다니지 않는다고 했다. 대중교통으로는 쉽게 찾아가기 힘든 곳에 소녀상이 있어서 아쉬움이 컸다.

소녀상은 예쁜 주변 환경과 잘 어우러져 있지만, 일반 시민들이 쉽게 다가갈 수 없는 위치는 아쉬운 마음으로 끝날 문제는 아니라고 생각한다.

의병 도시 제천에 세운 소녀상

제천 의병광장

제천 의병광장은 조선 말기 단발령에 반발하여 류인석 의병장의 남산 전투가 일어났던 곳을 기념한 장소다. 이곳에 제천 소녀상을 세웠다. 소녀상 뒤에는 화산초등학교가 있고, 학교와 소녀상 사이에 새마을운동 기념비가 있었지만, 그림에서는 표현하지 않았다.

1965년 한일협정으로 우리 정부가 일본 정부에게 과거사에 대한 역사적 책임을 물을 수 없게 만든 박정희 전 대통령의 새마을운동을 기념하는 비석과, '위안부' 피해 할머니들을 기리는 평화의 소녀상이 한자리에 있는 것이 쓸쓸하게 느껴졌다.

가장 먼저 공공조형물로 지정된 소녀상

원주시청

원주시청에 세운 소녀상은 많은 의미를 가지고 있다. 우리 나라에서 처음으로 공공조형물로 지정된 소녀상이다.

원주 지역 시민단체가 소녀상 설치를 발의했는데, 설립되기 한 달 반 전부터 공공조형물 지정 심의를 시작했다. 시민단체가 중심이 되어 세운 소녀상인데도, 공공조형물로 지정하기 위해 사전 작업을 철저히 하고 계획적으로 설립되었다.

소녀상을 세운 뒤로 소녀상 앞에서 둘째 주 수요일마다 수요집회를 열고, 달마다 추모시를 공모해 현수막으로 걸어 놓는다.

현재 자리해 있는 원주시청은 가기가 쉽지 않은 데다가 지나다니는 사람도 그리 많지 않다. 하지만 전북도청이 처음 지을 땐 주변이 논밭이었다가 현재는 도청을 중심으로 신시가지가 만들어지면서 사람들이 많아진 것처럼, 통영 소녀상이 있는 남망산조각공원이 지역 명소가 되면서 많은 사람들이 찾아오게 된 것처럼, 원주도 시간이 지나면 더 많은 사람들이 찾아 줄 것이라 생각한다.

경포호 너머로 일본을 바라보는 소녀상

강릉 3·1운동기념공원

강릉 소녀상은 푸른 경포호를 바라보며 편안히 쉬는 것처럼 보인다. 하지만 실제로는 경포호 너머 일본을 바라본다는 의미로 이곳에 세웠다고 한다. 이러한 설명이 어디에도 없어서 설치 의미를 기록해 둔 안내판이 있으면 더 좋겠다는 생각을 했다.

그림을 그릴 때 날이 너무 더워서 땀을 비오듯 흘렸다. 땀이 도화지에 떨어질 정도로 덥고 뜨거웠는데 그나마 경포호 옆이어서 그 정도였다는 것을 몰랐다. 그림을 다 그리고 밥을 먹으려고 시내로 들어갔는데 얼마나 덥던지 확연히 비교가 되었다.

처음에는 경포대 근처에서 지역 명물인 교동짬뽕을 먹을 생각이었는데, 택시 기사가 진짜 원조는 따로 있다며 시내로 안내해 주었다. 거기까지 찾아가 먹은 게 후회되지 않을 만큼 맛있었고, 지역 맛집은 택시 기사에게 물어봐야 한다는 말을 경험으로 배웠다.

그림 기행을 할 무렵에는 원주와 강릉에만 소녀상이 있었는데 지금은 춘천과 속초에도 평화의 소녀상을 세워 강원 지역에는 모두 4개의 소녀상이 있다.

솟대가 지켜 주는 소녀상

평택시청소년문화센터

평택 소녀상은 경기도에서 처음으로 그린 소녀상이다.

소녀상 뒤편으로 솟아 있는 솟대가 인상적인 곳이다. 솟대가 있는 소녀상은 평택과 군포 두 군데다. 솟대는 하늘과 땅을 이어 주는 매개체로 하늘의 목소리를 땅에 내려 주고 땅의 목소리를 하늘로 올려 주는 역할을 한다고 한다. 또한 마을 사람들을 지켜 주는 마을 지킴이이기도 하다.

이 소녀상은 평택시청소년문화센터에서 관리하는데, '위안부' 문제나 그 밖에 여러 사회문제에 대해 청소년들의 관심과 참여를 이끌어 내는 노력을 하고 있었다.

청소년문화센터 관계자가 소녀상 그림을 그리고 있는 나에게 무엇을 하고 있는지 물어봐 소녀상 그림 기행을 설명했다. 그러자 청소년문화센터에서 운영하는 팟캐스트에 이야기 손님으로 초대를 해 방송까지 하게 되었다. 학생들이 중심이 되어 소녀상과 '위안부' 문제를 주제로 크라우드 펀딩을 한다는 이야기도 들었다. 청소년들과 할 수 있는 다양한 활동은 이곳 청소년문화센터를 참고해도 좋을 듯싶다.

오로지 복지재단에서 세운 소녀상

안성 성베드로의집

천주교 복지재단인 오로지 복지재단에서 세운 소녀상이다. 재단의 큰 신부님인 방구들장 신부님이 '위안부' 문제에 관심이 많아서 소녀상을 세웠다고 한다.

오로지 복지재단은 이곳뿐만 아니라 안성 미리내실버타운, 경기 광주 초월형원의집, 작은안나의집에도 소녀상을 세웠다. 단일 단체로는 가장 많은 소녀상을 세운 단체이기도 하다.

네 곳의 소녀상은 모두 같은 모습인데, 미리내실버타운의 소녀상만 대리석으로 만든 소녀상이고, 이곳에 있는 소녀상은 강화플라스틱으로 본을 따 만든 소녀상이다.

대리석으로 만든 소녀상

안성 미리내실버타운

흰 대리석으로 만든 소녀상으로 오로지 복지재단에서 가장 먼저 세운 소녀상이다.

미리내실버타운 건물 입구에 있고, '동양 평화 소녀'라는 이름이 붙어 있다. 이 소녀상은 할머니들을 소녀의 모습으로 환생시키고, 민족정기와 함께 통일과 평화를 기원하는 마음을 표현했다고 한다.

미리내실버타운은 노인 요양 시설로 산골짜기에 있어, 대중교통으로 찾아가기는 쉽지 않다. 하지만 소녀상 옆에 안중근 동상이나 김대건 신부 동상이 함께 있어 들러 볼 만하다.

시민들이 꾸준히 관리하는 소녀상

오산시청

오산시청 앞 광장에 세운 소녀상은 2016년 세계 일본군 '위안부' 기림일에 맞추어 제작했다. 소녀상 건립위원회가 지속적으로 활발히 활동하는 지역 중 하나이기도 하다.

2017년 건립 1주년 행사 때는 청소년들을 대상으로 '평화의 소녀상 문예대전'을 열었다. 일본군 '위안부' 문제에 대해 학생들이 스스로 찾아보고 공부할 수 있도록 이끌었고, 전시회를 열어 학생과 학부모들이 참여할 수 있도록 했다. 시민들도 학생들의 글과 그림을 보며 행사에 함께해 주어 아주 잘 마무리되었고 한다.

오산시청은 1주년 행사의 성공을 바탕으로 해마다 '위안부'를 기리는 시간을 가질 계획이라고 한다.

정대협 워크숍에서 만난 오산 지역 소녀상 활동가들이 초대해 주어, 나도 소녀상 건립 1주년 행사에 오산 소녀상 그림을 가지고 참여했다.

화성을 넘어 세계 곳곳에 세우는 소녀상

화성 동탄메타폴리스 옆

화성시는 2014년에 소녀상을 세운 뒤 캐나다 토론토 시, 중국 용정 시, 프랑스 리무랭 주에도 소녀상을 세우기 위해 힘쓰고 있다.

그런데 내가 소녀상 그림 기행을 할 때에는 관리가 아주 부실했다. 관리는커녕 거의 버려진 듯한 소녀상이었다.

2016년에 소녀상 둘레에 화단을 조성한다는 기사를 본 적이 있다. 하지만 막상 가 보니 화단이라기보다 씨름장 위에 소녀상이 있는 느낌이 들었고, 주변에는 쓰레기가 많았다. 화성시에서 공공조형물로 지정해 관리하고 있는데도 이런 상황이라 아쉬움이 많았다.

세계 곳곳에 소녀상을 세워 많은 이들에게 '위안부' 문제를 알리는 일은 중요하다. 그러나 소녀상을 세우기만 하고 관리는 뒷전으로 한다면 누가 이 소녀상을 진심으로 대할까.

멋드러진 소나무와 함께하는 소녀상

수원올림픽공원

수원올림픽공원에 있는 소녀상 뒤편에는 기개 있는 소나무가 서 있다. 수원을 상징하는 나무가 소나무라서 수원시청에서 관심을 가지고 이 소나무를 관리하고 있다고 한다. 소나무의 멋드러진 모습과 소녀상이 잘 어우러져 보기가 좋았다.

소녀상이 잔디밭 안에 있지만 바닥에 검은 돌을 깔아 누구든 소녀상 앞까지 다가갈 수 있도록 했다.

화성과 달리 시민단체에서 잘 관리하고 있는 소녀상이다.

인공 폭포와 솟대가 있는 소녀상

군포 당정근린공원

군포 소녀상이 있는 곳은 도시 한가운데에 있는 공원이다. 도심 속 공원인데도 잘 조성되어 많은 시민들이 찾는 곳이다. 평택에 있는 소녀상과 마찬가지로 소녀상 뒤로 솟대를 세워 놓았고, 소녀상 왼편에는 인공폭포도 만들어 놓았다.

이곳에서는 기분 좋은 기억이 있다. 소녀상을 그리며 노숙을 하는데, 그렇게 노숙하는 까닭을 물어보는 분이 있었다. 종로에서 시작된 소녀상 지킴이 활동부터 차근차근 이야기를 하니, 다음 번에는 종로에 있는 소녀상 지킴이 농성장을 둘러보겠다며 격려해 주었다. 내가 하는 일이 의미가 없지 않구나를 또 한 번 느낀 곳이다.

태극기 나무 앞 소녀상

성남시청

성남시청에 견학 오는 학생들에게 성남시청 안내자가 첫 번째로 소개하는 곳이 바로 이 소녀상이다. 그만큼 성남시에서도 시민단체에서도 이 소녀상에 애정을 쏟으며 관리하고 있다.

그림을 그릴 때는 이 소녀상 뒤로 삼일절을 기념하며 만든 태극기 나무가 있었다. 태극기 나무가 상징하는 삼일만세운동의 항일정신과 자주정신이 소녀상의 정신과 일치한다고 여겨져 75군데 소녀상을 그리면서 유일하게 그림 속에 태극기를 함께 묘사한 곳이다. 지금은 이 태극기 나무가 남아 있지 않다.

이 소녀상을 그릴 때 시청 직원과 이야기를 나눌 기회가 있었는데, 그분의 제안으로 시청을 견학할 수 있었다. 그리고 그림을 모두 그리면 전시회를 해 보는 것이 어떻겠냐는 제안을 해 주기도 했다. 무엇보다 가장 좋았던 건 당직실에서 샤워를 하게 해 준 일이다. 노숙을 하면서 나흘 정도 씻지 못했던 터라 정말 고마웠다.

여섯 달 뒤 다시 이곳에 와 그동안 그린 그림을 모두 모아 나흘 동안 전시회를 열었다.

시민들 곁에 가까이 있는 소녀상

안양 평촌중앙공원

안양 소녀상은 지나다니는 사람이 많은 공원에 있다. 기단석 바닥 왼편에는 이지호 시인의 시 '그날에'가 적혀 있다.

식구들이 함께 산책을 나와, 아이가 소녀상에 대해 질문을 하면 부모님들이 자세히 설명해 주는 모습을 종종 볼 수 있었다.

그림을 다 그리고 노숙을 하기 위해 자리를 깔고 잠이 들었는데 얼마 안 지나 누군가 나를 깨웠다. 깜짝 놀라서 일어나 보니 친한 후배였다. 안양에 볼일이 있어서 왔다가 혹시나 해서 와 보니 내가 자고 있더란다. 그렇게 일어난 지 얼마 지나지 않아 갑자기 비가 내리기 시작했다. 마치 비가 내릴 줄 알고 이 친구가 나를 깨우러 온 게 아닌가 싶었다. 타이밍이란 참 오묘하다.

《상록수》의 도시에 세운 소녀상

안산 상록수역

안산은 일제강점기 농촌계몽소설인《상록수》의 배경이 되는 곳이다. 그래서 상록수역이라 이름 붙은 지하철역도 있다.

안산 소녀상은 상록수역 앞에 세웠다. 소녀상 앞에는 작은 화분들이 많이 놓여 있는데, 이 역의 다른 이름이 안산대학교역인 만큼 학생들이 신경을 써 준 게 아닐까 싶다.

상록수역에서 그림을 그리고 노숙을 할 때, 시민 한 분이 나를 걱정해서 일인용 텐트를 가져다 주었다. 부산에서 그림 기행을 시작할 때부터 한데서 잠을 자 왔기 때문에 괜찮다고 했지만, 나를 걱정해 주는 마음을 차마 거절할 수 없어서 텐트를 받았다.

비록 한 번도 사용하지 않았지만 그 마음이 따스해 밖에서 자면서도 텐트 안에 있는 듯했다.

시민들의 관심과 애정이 깊은 소녀상

시흥 옥구공원

강릉 소녀상을 그리다가 점심을 먹으러 들어간 가게에서 밥을 먹던 분이 나를 알아보고 시흥 옥구공원 소녀상도 그리러 갈 것인지 물어본 일이 있다. 자기가 사는 지역의 소녀상에 대해 자신 있게 이야기하는 것을 보고, 옥구공원이 안양이나 대구처럼 사람들이 많이 지나다니는 곳에 있을 거라고 짐작했다.

하지만 그림을 그리려고 시흥 소녀상이 있는 옥구공원을 찾으니 고가도로와 물류창고가 있는 외곽 지역이었다. 강릉에서 만난 그분을 통해 소녀상에 대한 시흥시민들의 높은 관심과 애정을 느낄 수 있었다.

소녀상 옆에는 작은 도서관이 있는데, 이곳에서 학생들을 대상으로 소녀상과 '위안부' 문제에 대해 교육도 한다고 들었다.

착취의 아픔을 공유하는 소녀상

광명동굴 옆

광명에는 '위안부' 피해 할머니들의 쉼터인 '나눔의집'이 있다. 양기대 전 광명시장은 나눔의집 홍보대사로, 자주 이곳에 들러 봉사활동을 하며 할머니들과 깊은 인연을 맺었다. 할머니들도 광명시에서 주최하는 행사에는 건강이 허락하는 한 참여하신다.

소녀상이 있는 광명동굴은 일제강점기에 노동착취와 자원착취라는 수탈의 아픔을 보여 주는 장소로, 소녀상과 함께 착취의 아픔을 공유하는 장소다. 학생들이 손수 꾸민 캘리그라피와 토종꽃들로 정원을 가꾸어 수수하면서도 화사한 느낌이 든다.

광명 소녀상 건립 2주년 행사 때 내 그림 전시도 열었는데, 원래는 할머니 네 분이 오시기로 했지만 건강이 괜찮았던 이옥선 할머니만 오셔서 격려 말씀도 하고 노래도 한 곡 부르셨다.

케이비에스에서 촬영을 해 잠깐 동안이지만 이옥선 할머니께 내 그림을 직접 설명할 수 있었다. 그림을 모두 그린 다음에는 나눔의집에 기증할 계획이었는데, 이 계획도 미리 말씀드릴 수 있어서 행복했다.

뒷모습을 보여 주는 소녀상

부천 안중근공원

부천 소녀상은 가장 인상 깊었던 소녀상이다. 추천해 주고 싶은 소녀상을 꼽아 달라고 하면 나는 주저없이 이 소녀상을 말한다.

이 소녀상은 전국에서 유일하게 뒷모습을 보여 주는 소녀상이다. 그래서 소녀상이 어떤 얼굴, 어떤 표정, 어떤 모습을 하고 있을지 궁금해 앞모습을 보려고 발걸음을 옮기면 조각된 소녀의 얼굴이 아닌 자신의 얼굴이 비치는 동판거울을 마주하게 된다. 소녀상의 얼굴이 내 얼굴이고, 소녀상의 모습이 내 모습이다.

지나가는 사람은 언제나 뒷모습만 남긴다. 소녀상의 뒷모습을 바라본다는 것은 이 문제를 내 문제로 생각하지 않는다는 것을 뜻한다. 하지만 관심을 가지고 얼굴을 보기 위해 발걸음을 뗀다는 것은 소녀상의 얼굴을 마주하는 것이고, 소녀상이 이야기하는 '위안부' 문제를 마주한다는 뜻이다. 이 문제는 다른 사람의 문제가 아닌 나의 문제이고 우리의 문제인 것이다.

이 소녀상은 2014년 프랑스 앙굴렘 국제만화페스티벌 기획전 '지지 않는 꽃'에 함께한 최인선 작가의 '나는 어디로 가고 있는가?'를 재해석해 만든 소녀상이다.

일본군 주둔지에 세운 소녀상

인천 부평공원

인천 소녀상은 부평공원에 있다. 부평공원은 과거 일본군이 머물던 곳이고, 그 뒤로 미군 주둔지였던 장소다. 이곳에 평화를 상징하는 소녀 상을 세워 더 이상 전쟁을 기억하는 곳이 아닌 평화를 이야기하는 곳으로 바뀌길 바라는 염원을 담았다.

소녀상 옆에 놓은 돌은 조각한 돌이 아닌 자연석이라고 한다. 돌은 과거에 끌려갔던 소녀들의 한을 뜻하고, 과거 현재 미래라는 세 가지 뜻을 더 가지고 있다. 과거는 참혹한 역사, 현재는 이들의 고통을 같이 고민해야 할 우리, 마지막으로 미래는 '위안부' 문제를 해결해 나갈 후손들을 뜻한다.

이 소녀상을 만든 작가는 이 소녀상을 만들기 위해 많은 아이디어를 냈지만 계속 실패했다고 한다. 하지만 소녀상이 자신의 딸이라고 생각하자 작품 진행이 빨라졌다고 한다. 소녀상을 만들면서 감정 이입을 많이 해 그만큼 어려웠다고 한다.

통일을 이야기하는 소녀상

김포 한강중앙공원

김포 소녀상은 전국에서 유일하게 통일을 이야기하는 소녀상이다.

바닥에 있는 그림자 부분에 끊어진 철조망을 새겼다. 끊어진 철조망은 베를린 장벽처럼 무너진 삼팔선, 허물어진 휴전선을 뜻한다고 한다.

한강중앙공원은 여름에는 날마다 해가 지고 나면 레이저 분수쇼가 열리는데, 소녀상이 있는 자리가 이 쇼를 볼 수 있는 가장 좋은 자리다.

어쩌면 소녀상이 솟구치는 물줄기를 보면서 날마다 마음을 달래는 게 아닐까.

시민과 더 가까이, 고양시 소녀상

고양 일산문화공원

고양 소녀상은 처음에는 고양 600년 기념전시관 앞에 세웠다가, 3년 뒤 일산문화공원으로 자리를 옮겼다.

일산문화공원은 고양시 중심가인 라페스타 바로 옆에 있고, 아래로는 일산호수공원이 있어서 고양시민들이 많이 지나다니는 곳이다. 소녀상 뒤로는 소녀상에 대한 설명이 자세히 적혀 있다.

그림을 다 그리고 잠깐 쉬기 위해 주렁주렁빅마켓에 들렀는데, 거기서 일하는 분이 내 가방에 꽂힌 깃발을 보고 자신도 '위안부' 문제에 관심이 많다며 손목에 차고 있는 희망나비 팔찌를 보여 주었다. 내가 하고 있는 그림 기행을 응원해 주길래 고마운 마음에 가지고 있던 배지를 나눠 주었다.

지칠 때마다 곳곳에서 나와 같은 마음을 가진 이들을 만나는 것이 큰 도움이 된다.

김학순 할머니를 기리며

고양 국립여성사전시관

우리 나라에서 처음으로 '위안부'의 존재를 증언한 김학순 할머니를 모델로 한 소녀상이다. 소녀상이 아니라 할머니상이다. 할머니상은 소녀상과 같은 자세로 앉아 있고, 할머니상 뒤쪽 벽에는 소녀상의 실루엣이 크게 있어 마치 그림자를 보는 듯하다.

소녀상 앞에는 전소라 작가의 작품 '나를 잊지 말아요'가 설치되어 있다. 이 작품은 작은 소녀상들로 구성되어 있다. 처음 설치할 때는 작은 소녀상이 60개 있었지만, 지금은 그 숫자가 줄어들고 빈자리가 늘어났다. 작은 소녀상의 숫자는 살아계시는 피해 할머니들의 숫자를 뜻하며 한 분, 한 분 돌아가실 때마다 하나씩 치운다고 한다.

작은 소녀상이 사라진 빈자리가 매우 크게 느껴진다.

'소녀상 원정대'와 함께 찾아간 소녀상

의정부역 역전근린공원

평화의 소녀상 75점 그림 가운데 가장 나중에 완성한 그림이다.

의정부 소녀상에 처음 갔을 때는 역전근린공원이 공사 중이어서 그림을 그릴 수도 없었고 노숙도 할 수 없었다. 그림 기행이 끝나고 한참 뒤에 마리몬드에서 진행하는 '소녀상 원정대' 운동을 마침 의정부에서 한다고 해, 그 활동에 참여하면서 소녀상 사진을 찍어 와 집에서 완성한 그림이다.

의정부역 역전근린공원에는 소녀상뿐 아니라 중국에서 기증한 안중근 의사 동상, 3·1운동 기념비도 같이 설치되어 있다.

소녀상 원정대에 참여하면서 전국 소녀상이라는 키워드로 많은 사람들이 모인 것을 처음 경험했는데, 혼자 또는 친구와 둘이서 소녀상을 만날 때와 사뭇 다른 느낌을 받았다. 혼자가 아니라 많은 사람들이 이렇게 관심을 가지고 행동하는 것을 볼 때면 언제나 가슴이 벅차오른다.

독립 만세를 외친 역사의 현장에서

양평물맑은시장 쉼터 입구(3 · 1 만세 터)

양평 소녀상은 양평물맑은시장 쉼터 입구에 세운 소녀상인데 삼일절에 맞추어 제막식을 열었다.

물맑은시장 쉼터 입구는 3·1 만세터다. 1919년 3월 24일 갈산면 장날에 1,400여 명의 사람들이 모여 독립선언문을 제창하며 대한독립만세를 부르짖은 피맺힌 역사의 현장이다.

아침에 일어나 그림을 그리려고 준비를 하는데 사람들이 내가 있는 곳으로 몰려들기 시작했다. 물어보니 케이블 채널에서 방영할 드라마를 촬영한다고 했다.

그러려니 하고 계속 그림을 그리려는데, 문제는 나와 소녀상 사이로 촬영 스탭들이 빼곡히 들어차 있었다. 결국 아무것도 그리지 못하고 촬영 구경만 할 뿐이었다. 기다리다 못해 밥을 먹고 왔더니 촬영이 끝나서 그때부터 집중해서 그림을 그렸다.

평화를 위해 싸우는 안중근과 소녀상

광주 초월형원의집

경기도 안성에 세운 소녀상과 같이 오로지 복지재단에서 세운 소녀상 가운데 하나다. 작은안나의집에 소녀상을 세운 날 이 소녀상도 같이 세웠다. 소녀상 옆에 안중근 의사 동상이 함께 있다.

안중근은 세례명이 토마스인 가톨릭 신자인데, 오로지 복지재단에서는 '안중근 장군님'이라고 부르는 게 흥미로웠다. 안중근 동상은 한 손에는 십자가를 다른 한 손에는 권총을 가지고 있다. 어깨에는 평화를 상징하는 새가 앉아서 무력 투쟁을 하지만 신앙심을 바탕으로 평화를 위한 일을 한다는 것을 상징한다고 한다.

초월형원의집의 쌍둥이 소녀상

광주 작은안나의집

작은안나의집 소녀상은 초월형원의집의 쌍둥이 소녀상이다.

안중근 의사 동상을 세운 까닭을 물어보니 오로지 복지재단의 큰 신부님이 안중근 의사를 차기 성인으로 받들 만큼 존경한다고 했다.

일제강점기에 평화를 위해 항거한, 보기만 해도 든든한 안중근 동상과 지금 평화를 위해 투쟁하는 소녀상이 나란히 같이 있으니 안중근 동상이 소녀상을 지켜 주는 것 같기도 하고 함께 투쟁을 하는 듯한 느낌도 들었다.

우리 나라에 가장 먼저 세워진 소녀상

광주 나눔의집

우리 나라에 처음 세워진 소녀상이다. '못다 핀 꽃'이라는 이름이 있는 이 소녀상은 '위안부' 피해 할머니들이 생활하는 나눔의집에 있다. 이 동상을 만든 작가는 '위안부' 피해 할머니들이 그린 그림을 모은 책 《못다 핀 꽃》에서 모티브를 가져왔다고 한다. 소녀는 댕기머리에 신발을 신고 있는 것이 특징이다.

나눔의집에는 할머니들이 생활하는 생활관도 있지만, 일본군 '위안부' 피해 역사를 기록한 역사관도 있다. 소녀상이 있는 곳 지하에는 위안소가 모형으로 재현되어 있다. 소녀상 앞에는 돌아가신 할머니들의 흉상이 설치되었다.

나눔의집에서 소녀상을 그리고 있는데 학생들이 찾아와 내게 소녀상과 소녀상 지킴이의 의미를 설명해 달라고 했다. 그 학생들은 나눔의집에 오면 할머니들을 뵐 수 있지 않을까 해서 왔는데, 미리 약속을 하지 않고 와서 만나지 못했다고 아쉬워했다.

나눔의집에서는 할머니들이 연로해지면서 건강 관리를 위해 갑작스럽게 손님을 맞는다거나 하는 일은 최대한 줄인다고 한다.

시민들의 사랑을 받는 소녀상

구로구 구로역

더위가 한창일 때 경기도에서 서울로 들어왔다. 서울에 있는 소녀상을 그리기 시작하면서 이 그림 기행도 이제 막바지에 이르렀다.

서울에서 맨 처음 구로 소녀상을 찾아갔다. 구로역 3번 출구 앞 광장에 있다. 이 소녀상은 '구로구 평화의 소녀상 건립을 위한 주민 모임'이 주도하여 세웠다.

마침 내가 그림을 그릴 때가 소녀상 건립 1주년이 다가오는 때였다. 건립위에서 1주년 행사로 '8·15통통문화제'를 기획해 영화 〈눈길〉 상영회와 함께 일본군 '위안부' 문제의 진실을 알리는 사진전, 직접 만드는 소녀상 파우치 행사 들을 열어 학생들의 관심을 불러일으키고, 여러 공연을 준비해 선보이기도 했다.

지금도 꾸준히 시민들과 함께하는 활동을 해 나가고 있다.

작은 화단 속에 있는 소녀상

동작구 흑석역

이 소녀상은 동작구 흑석역 앞에 있다. 이 역은 중앙대역이라고도 한다. 실제로 소녀상을 세울 때 중앙대 학생들이 많이 도와주었다고 한다.

흑석역 3번 출구에서 나와 뒤로 돌아나오면 골목으로 들어가기 전 인도에 소녀상이 있다. 소녀상 옆에는 작은 화단이 있는데 꽃과 식물 이름도 팻말로 만들어 꾸며 놓았다. 처음에는 소녀상이 있는 자리가 조금은 뜬금없다고 느꼈는데 화단과 소녀상이 매우 잘 어울려서 그런 느낌은 금방 사라졌다.

서울에서는 노숙은 하지 않고 친구 집에서 신세를 지며 그림에 집중했다. 노숙을 하기에는 위험했기 때문이다. 종로 농성장에 있으면 소녀상을 지키는 우리를 해코지하려 했던 사람들이 많았다. 정대협에서 진행한 워크숍에 참가한 뒤 탄 지하철에서 내 가방에 꽂힌 깃발을 보고 나를 계속 쫓아왔던 노인도 있었다.

그만큼 서울은 어떤 지역보다 위험한 곳이었다. 그래서 감히 노숙을 이어 갈 생각은 못 하고, 친구 집에서 왔다 갔다 하며 그림 작업에만 몰두했다.

역사의 길 위에서 만나는 소녀상

노원구 마들근린공원

　노원구 마들근린공원에는 우리 나라 역사와 세계사까지 배울 수 있는 '역사의 길'이 있다. 산책로를 따라 조형물을 설치해 선사시대부터 근현대사까지 한눈에 알 수 있게 하는데, 근현대사 지역에 소녀상을 세웠다. 근현대사 산책로에는 일제강점기 시절의 독립운동부터 민주화 운동까지 설명되어 있는데 그곳에 김구, 안창호, 안중근 같은 인물들과 평화의 소녀상이 역사의 한 부분으로 함께 있는 게 참 잘 어울렸다.

　이 소녀상은 공원에 있어 언제든지 찾아가 볼 수 있고, 노원구청 홈페이지나 구청에 직접 전화해 신청할 경우 우리 나라 역사와 세계사에 대한 강의를 들을 수 있다고 한다.

　공원에는 '역사의 길'뿐 아니라 '지구의 길'이라는 산책로도 있다. 아이들과 걸으면서 자연스레 이야기하고 무언가를 배울 수 있는 일상적인 공간이 점차 늘어나면 좋겠다.

'우리는 행복을 추구할 권리가 있다'

강북구청 앞 가로수길

　강북 소녀상 옆에는 우리 나라 헌법 제 10조인 '모든 국민은 인간으로서의 존엄과 가치를 가지며, 행복을 추구할 권리를 가진다'가 새겨진 책이 조각되어 있다.

　강북구청 앞 가로수길 한가운데 있는 소녀상은 그림에서 보이듯이 카페며 노래방이며 분식집 같은 우리들의 일상 속에 있다. 우리와 하루하루를 함께하고 있는 청주청소년광장 소녀상처럼 여겨져 그림 속에서도 담아내려고 했다.

　그림 기행을 마치고 이곳에 다시 들렀는데, 헌법 제 10조가 적힌 책 조각에 낙서해 놓은 것을 발견해 속이 상했다. 하루빨리 전국의 모든 소녀상이 공공조형물로 지정되어 지자체의 관리를 받을 수 있기를 바란다.

학교 안에 세운 첫 번째 소녀상

서초고등학교

서초구에 있는 서초고등학교에 소녀상이 있다는 걸 알았을 때 건립과정이 몹시 궁금했다. 이 소녀상은 학생 열다섯 명과 교사가 역사 전문가와 미술 전문가 들의 자문을 얻어 직접 세운 소녀상이다. 전국에서 최초로 학교 안에 설치한 소녀상이기도 하다.

소녀상 제작을 추진한 이대영 교장 선생님은 반일 감정보다는 올바른 역사 인식을 심어 주기 위해 나라 사랑 교육의 일환으로 제작했다고 한다.

그림에는 표현하지 않았지만 실제 동상의 가슴에는 살짝 핀 무궁화꽃이 있고, 두 손에는 태극기를 꼭 쥐고 있다. 소녀상이 바라보는 방향에는 무궁화 나무가 있고, 소녀상 옆에는 함께하는 자리를 뜻하는 빈 나무 밑동이 있다.

학부모들이 앞장서 만든 소녀상

성동구 왕십리역광장

성동 소녀상은 '위안부' 피해 할머니의 인권과 명예회복, 아픈 역사가 되풀이되지 않도록 기억하자는 지역 학부모들의 제안으로 만들어진 소녀상이다. 소녀상 건립 추진위원회가 만들어지고 나서 소녀상 설치 기금을 마련하기 위해 무학여자고등학교 학생들은 소녀상 배지를 디자인해 판매했다.

왕십리역광장에 소녀상을 세운 뒤에는 학부모와 학생들의 자발적인 참여로 지킴이 위원회가 결성되었다. 이들은 소녀상 관리도 하고, 경기도 광주에 있는 나눔의집으로 봉사활동을 가기도 하면서 꾸준히 활동하고 있다.

그림을 그리면서 재미를 느낄 때는 그림을 꾸밀 만한 요소가 많을 때다. 이제껏 대부분의 소녀상 그림 배경은 나무나 건물들이었는데 성동 소녀상은 도심 한가운데에 있다 보니 화폭에 담을 만한 것들이 많아 재미있게 그렸다.

한·중 평화의 소녀상

성북구 한성대입구역

성북 소녀상은 그림 기행을 다니면서 만난 소녀상 가운데, 유일하게 중국인 소녀상과 함께 있는 다국적 소녀상이다. 일본군 '위안부' 문제는 우리 민족만의 문제가 아니라, 국제적인 인권 문제라는 것을 뜻한다. 다국적 소녀상이 있는 곳은 이곳 성북구와 홍콩, 상하이, 샌프란시스코, 이렇게 모두 네 곳이다.

성북구와 상하이 소녀상은 같은 모습이고, 샌프란시스코 소녀상은 한국, 중국, 필리핀 소녀 세 명이 손을 마주 잡고 있는 모습이다. 국제적인 공감대를 이끌어 내기 위해 만든 소녀상이라 인상 깊다.

언젠가는 네덜란드에도 소녀상이 세워져, 일본군 '위안부' 문제가 어느 한 지역의 문제가 아닌 세계적인 전쟁범죄라는 메시지를 전하는 날이 오기를 바란다.

학생의 날, 고등학생들이 세운 소녀상

중구 프란치스코교육회관

프란치스코교육회관에 있는 소녀상은 학생의 날(11월 3일)에 고등학생들이 세운 소녀상이라 그 의미가 남다르다.

서울 50여 개 고등학교 학생들이 참여했다. 학생들이 기금을 마련 했지만 소녀상을 세울 터를 마련하는 데 어려움이 많았다. 이때 프란치스코교육회관에서 자리를 내주어 소녀상을 세울 수 있었다. 소녀상 뒤편에는 소녀상 건립에 참여한 고등학교의 명단이 적혀 있다.

이곳은 내가 종종 찾아가 보는 소녀상인데, 큰길에서 바로 보이지는 않고 담을 돌아 들어가야 한다. 그런데도 가 보면 항상 꽃이나 초콜릿 같은 것들이 늘 쌓여 있다. 학생들이 관심을 가지고 찾아 주는 것 같았다.

학생들의 활동은 여기서 그치지 않고 이화여자고등학교 역사동아리 '주먹도끼'를 중심으로 전국 중고등학교에 작은 소녀상을 세우는 운동을 계속 진행하고 있다. 현재 200여 개가 넘는 작은 소녀상을 전국 중고등학교뿐 아니라 영국 학교에까지 세웠다.

오랫동안 함께 행동해 온 정대협과 함께

마포구 전쟁과여성인권박물관

이 소녀상은 마포구에 있는 '전쟁과 여성 인권 박물관' 안에 설치되어 있다. 이곳은 정대협이 건립한 박물관으로 정대협의 역사를 한눈에 볼 수 있다.

정대협은 1990년에 만들어져 1991년 김학순 할머니의 증언을 시작으로 238명의 피해자 증언을 모았고, 오랫동안 정부와 세상에 외면당하던 피해 할머니들과 함께 행동하고, 피해 할머니들을 도와 현재까지 끊임없이 수요집회를 이어 온 단체다. 시간이 흘러도 변함없이 할머니를 돌보며 전쟁의 끔찍함과 그렇기 때문에 평화가 중요하다는 것을 널리 알리고 있다. 이 활동은 중국, 동남아, 유럽에까지 영향을 끼쳐 전 세계 일본군 '위안부' 피해자들이 세상을 당당히 바라보며 행동할 수 있게 했다.

소녀상 뒤에는 '위안부' 피해 할머니들을 위해 노력했던 정대협 활동가들이 초창기에 입었던 유니폼이 전시되어 있어, 유니폼이 잘 드러나도록 구도를 잡아 그렸다. 오랜 시간 동안 변함없이 활동해 온 정대협과 그 결실을 그림에 담아내고 싶었다.

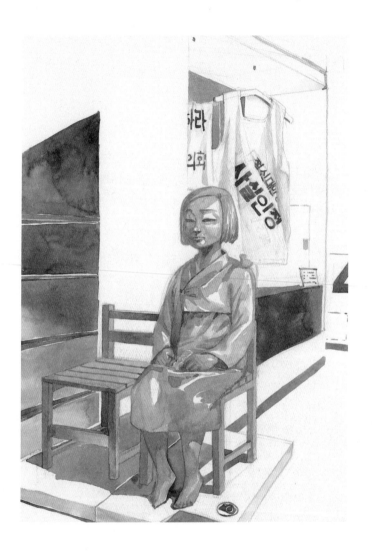

대학생들이 세운 첫 번째 소녀상

서대문구 대현문화공원

이 소녀상은 지하철 2호선 이대역 2번 출구에서 조금 걸어 나가면 만날 수 있다.

우리 나라에서 대학생들이 세운 첫 번째 소녀상이기도 하다. 처음에는 이화여자대학교 캠퍼스 안에 설치하려고 했지만, 학교가 반대해 대현문화공원에 세웠다. 대학생들이 기금을 마련하여 세웠는데, 소녀상 건립에 참여한 대학의 총학생회 명단이 함께 새겨져 있다.

소녀상 등 뒤에 있는 파란 나비는 대학생들을 의미하며 '위안부' 문제 해결에 함께하겠다는 뜻을 담고 있다.

주한일본대사관 앞에서

종로구 주한일본대사관 앞

종로 주한일본대사관 앞에서는 수요일마다 '위안부' 피해 할머니들이 집회를 연다. 2011년 12월 14일, 수요집회 1천 회를 기리기 위해 이 소녀상을 세웠다. 수요집회는 27년째 끊임없이 이어지고 있다. 소녀상 옆에는 소녀상 지킴이 농성장이 있다. 일본대사관은 2015년부터 재건축에 들어가면서 가벽을 설치했다.

이제까지 그린 소녀상이 소녀상이 어떻게 살고 있는가를 담는 것에 초점을 뒀다면, 종로 소녀상은 무엇을 보고 있는가에 중점을 두고 그렸다.

최전방이라 할 수 있는 일본대사관 앞에는 일본대사관을 보호하기 위한 경찰버스 차벽이 세워져 있다. 맞은편에는 소녀상과 함께하는 시민들이 있고, 경찰은 이들을 감시한다. 소녀상은 그 자리에서 이 모든 것을 바라보고 있다.

소녀상이 바라보고 있는 모습을 함께 보고 생각해 주기를 바라는 마음에 소녀상의 뒷모습을 그림에 담았다.

전국 평화의 소녀상 목록

번호	권역	위치	설치일	작가	찾아보기
1		서울 강북구 강북구청 앞 가로수길	2016년 12월 10일	김서경, 김운성	146쪽
2		서울 구로구 구로역	2016년 08월 15일	김서경, 김운성	140쪽
3		서울 금천구 금천구청광장	2017년 08월 15일	김서경, 김운성	
4		서울 노원구 마들근린공원	2015년 08월 25일	김서경, 김운성	144쪽
5		서울 도봉구 도봉구민회관 옆 공원	2017년 08월 15일	김서경, 김운성	
6		서울 동작구 흑석역	2016년 08월 15일	김서경, 김운성	142쪽
7		서울 마포구 전쟁과여성인권박물관	2012년 05월 05일	김서경, 김운성	156쪽
8	서울	서울 마포구 마포중앙도서관	2018년 04월 13일	신선민	
9		서울 서대문구 대현문화공원	2014년 12월 24일	김서경, 김운성	158쪽
10		서울 서초구 서초고등학교	2013년 09월 05일	서초고등학교 학생들	148쪽
11		서울 성동구 왕십리역광장	2017년 06월 10일	김서경, 김운성	150쪽
12		서울 성동구 왕십리역광장	2018년 03월 10일	김서경, 김운성	
13		서울 성북구 한성대입구역	2015년 10월 28일	김서경, 김운성, 판위친	152쪽
14		서울 용산구 이태원광장	2017년 08월 26일	김서경, 김운성	
15		서울 종로구 주한일본대사관 앞	2011년 12월 14일	김서경, 김운성	160쪽
16		서울 중구 프란치스코교육회관	2015년 11월 03일	김서경, 김운성	154쪽
17	인천	인천 부평공원	2016년 10월 29일	김창기	122쪽
18		경기 고양 일산문화공원	2013년 5월	김서경, 김운성	126쪽
19		경기 고양 국립여성사전시관	2014년 08월 15일	김서경, 김운성	128쪽
20		경기 광명 광명동굴 옆	2015년 08월 15일	김서경, 김운성	118쪽
21		경기 광주 나눔의집	1997년 08월 14일	윤영석	138쪽
22		경기 광주 작은안나의집	2015년 06월 10일	미상	136쪽
23		경기 광주 초월형원의집	2015년 06월 10일	미상	134쪽
24	경기	경기 구리 구리역광장	2017년 10월 29일	김서경, 김운성	
25		경기 군포 당정근린공원	2016년 08월 09일	김서경, 김운성	108쪽
26		경기 김포 한강중앙공원	2016년 08월 14일	김서경, 김운성	124쪽
27		경기 동두천 시민근린공원	2018년 03월 01일	김서경, 김운성	
28		경기 부천 안중근공원	2016년 02월 03일	한정무	120쪽
29		경기 성남 성남시청	2014년 04월 15일	김서경, 김운성	110쪽
30		경기 수원 수원올림픽공원	2014년 05월 03일	김서경, 김운성	106쪽

번호	권역	위치	설치일	작가	찾아보기
31		경기 시흥 옥구공원	2016년 08월 20일	김서경, 김운성	116쪽
32		경기 안산 상록수역	2016년 08월 15일	김서경, 김운성	114쪽
33		경기 안성 미리내실버타운	2014년 05월 28일	미상	100쪽
34		경기 안성 성베드로의집	2014년 05월 28일	미상	98쪽
35		경기 안성 내혜홀광장	2018년 03월 03일	김서경, 김운성	
36		경기 안양 평촌중앙공원 🚶‍	2017년 03월 01일	김서경, 김운성	112쪽
37	경기	경기 양평 양평물맑은시장 쉼터 입구(3·1만세 터)	2017년 03월 01일	김서경, 김운성	132쪽
38		경기 양평 양평고등학교	2017년 03월 13일	박용수	
39		경기 오산 오산시청	2016년 08월 14일	김서경, 김운성	102쪽
40		경기 용인 용인시청광장	2017년 08월 15일	김서경, 김운성	
41		경기 의왕 레일파크광장	2018년 03월 01일	김서경, 김운성	
42		경기 의정부 의정부역 역전근린공원	2015년 11월 07일	김서경, 김운성	130쪽
43		경기 평택 평택시청소년문화센터	2017년 03월 01일	김서경, 김운성	96쪽
44		경기 화성 동탄메타폴리스 옆 🚶‍	2014년 08월 14일	김서경, 김운성	104쪽
45		강원 강릉 3·1운동기념공원	2015년 08월 05일	김서경, 김운성	94쪽
46	강원	강원 속초 청초호유원지 🚶‍	2017년 12월 10일	김서경, 김운성	
47		강원 원주 원주시청 🚶‍	2015년 08월 15일	김서경, 김운성	92쪽
48		강원 춘천 의암공원	2017년 12월 09일	김서경, 김운성	
49	대전	대전 대전보라매공원	2015년 03월 01일	김서경, 김운성	76쪽
50	세종	세종 세종호수공원	2015년 10월 03일	김서경, 김운성	74쪽
51		충남 논산 논산시민공원	2016년 08월 15일	김서경, 김운성	70쪽
52		충남 당진 당진버스터미널광장	2016년 03월 01일	배효남	86쪽
53		충남 보령 보령문화예전당	2018년 03월 01일	박주부	
54		충남 서산 서산시청 솔빛공원	2015년 10월 31일	김서경, 김운성	84쪽
55	충청	충남 서천 봄의마을광장	2017년 01월 17일	이필수	82쪽
56		충남 아산 신정호조각공원	2016년 03월 08일	김서경, 김운성	88쪽
57		충남 예산 예산분수광장	2017년 04월 13일	김서경, 김운성	
58		충남 천안 목천고등학교	2015년 03월 02일	김성미, 황석인, 이지수, 임성하	80쪽
59		충남 천안 천안터미널사거리 옆	2015년 12월 10일	김서경, 김운성	78쪽

번호	권역	위치	설치일	작가	찾아보기
60		충남 홍성 홍주성	2017년 08월 15일	김서경, 김운성	
61		충북 보은 뱃들공원	2017년 10월 13일	김서경, 김운성	
62	충청	충북 음성 설성공원	2018년 05월 23일	김서경, 김운성	
63		충북 제천 의병광장	2016년 10월 07일	김서경, 김운성	90쪽
64		충북 청주 배티공원	2015년 08월 11일	송일상	
65		충북 청주 청주청소년광장	2015년 09월 07일	김서경, 김운성	72쪽
66		광주 광산문화예술회관	2017년 08월 14일	나상욱	
67		광주 광주시청	2015년 08월 14일	안경진	58쪽
68	광주	광주 금남로공원	2017년 08월 14일	나상욱	
69		광주 남구 펭귄마을 입구	2017년 08월 14일	이이남	
70		광주 북구청광장	2017년 08월 14일	최재덕	
71		광주 서구청광장	2017년 08월 14일	고근호	
72		전남 곡성 곡성문화원	2016년 10월 07일	천연오	44쪽
73		전남 광양 광양역사문화관	2018년 03월 01일	김대승	
74		전남 나주 나주학생독립운동기념관	2016년 11월 27일	임정임	52쪽
75		전남 담양 중앙공원	2017년 06월 15일	김서경, 김운성	62쪽
76		전남 목포 목포근대역사관 (구 일본영사관)	2016년 04월 08일	김서경, 김운성	56쪽
77		전남 목포 목포마리아회고등학교	2017년 08월 29일	김서경, 김운성	
78		전남 무안 전라남도청 앞 공원	2016년 08월 14일	김서경, 김운성	54쪽
79		전남 순천 순천조례호수공원	2016년 10월 15일	김서경, 김운성	48쪽
80	전라	전남 여수 이순신광장	2017년 03월 01일	김서경, 김운성	46쪽
81		전남 영광 영광예술의전당	2018년 05월 09일	이은희	
82		전남 해남 해남공원	2015년 12월 12일	김서경, 김운성	50쪽
83		전북 고창 동리국악당	2017년 12월 10일	김서경, 김운성	
84		전북 군산 동국사	2015년 08월 12일	고광국	66쪽
85		전북 남원 사랑의광장	2016년 05월 12일	미상	42쪽
86		전북 순창 일품공원	2017년 12월 28일	김서경, 김운성	
87		전북 익산 익산역광장	2017년 08월 15일	김서경, 김운성	
88		전북 전주 풍남문광장	2015년 08월 13일	김서경, 김운성	64쪽
89		전북 정읍 연지아트홀	2016년 12월 28일	김용련	60쪽

번호	권역	위치	설치일	작가	찾아보기
90		전북 진안 진안군청소년수련관	2017년 11월 04일	김서경,김운성	
91	부산	부산 어린이대공원 🦽	2016년 03월 01일	이원석	14쪽
92		부산 일본영사관 앞	2016년 12월 28일	김서경,김운성	12쪽
93	대구	대구 대구여자상업고등학교	2015년 08월 15일	이병준	22쪽
94		대구 2·28기념중앙공원	2017년 03월 01일	김서경, 김운성	20쪽
95	울산	울산 울산대공원	2015년 03월 01일	김서경, 김운성	16쪽
96		경남 거제 거제문화예술회관	2014년 01월 17일	김서경, 김운성	32쪽
97		경남 김해 서울이비인후과	2017년 02월 27일	변재봉	30쪽
98		경남 남해 숙이공원	2015년 08월 14일	김서경, 김운성	36쪽
99		경남 산청 간디마을학교	2016년 12월 17일	간디마을학교 학생들	40쪽
100		경남 진주 진주교육지원청	2017년 03월 01일	이명림	38쪽
101		경남 창원 경상남도교육청 제2청사	2018년 02월 28일	미상	
102		경남 창원 오동동문화광장 입구	2015년 08월 27일	유귀화, 조란주, 하석원, 한경희	28쪽
103	경상	경남 통영 남망산조각공원	2013년 04월 06일	한진성	34쪽
104		경북 경산 대구대학교	2017년 12월 21일	김서경, 김운성	
105		경북 구미 구미역 뒤편 광장	2018년 03월 01일	이병준	
106		경북 군위 사라온이야기마을	2015년 10월 07일	이병준	26쪽
107		경북 상주 왕산역사공원	2016년 10월 29일	김서경, 김운성	24쪽
108		경북 안동 웅부공원	2017년 08월 15일	미술협회 안동지부 작가 합작	
109		경북 영천 영천시립도서관	2017년 12월 10일	김서경, 김운성	
110		경북 포항 환호공원	2015년 11월 17일	김서경, 김운성	18쪽
111	제주	제주 방일리공원	2015년 12월 19일	김서경, 김운성	68쪽

🦽 공공조형물로 지정된 소녀상

평화의 소녀상을 그리다

우리 나라 75곳 평화비를 찾아 떠난 그림 기행

2018년 8월 14일 1판 1쇄 펴냄 | 2019년 11월 22일 1판 3쇄 펴냄

글 그림 김세진
편집 김로미, 김성재, 이경희 | **디자인** 남철우 | **제작** 심준엽
영업 안명선, 양병희, 조현정, 최민용
잡지 영업 이옥한, 정영지 | **새사업팀** 조서연
대외 협력 신종호, 조병범 | **경영 지원** 임혜정, 한선희
분해와 인쇄 (주)로얄프로세스 | **제본** 과성제책

펴낸이 유문숙 | **펴낸 곳** (주)도서출판 보리 | **출판등록** 1991년 8월 6일 제9-279호
주소 (10881) 경기도 파주시 직지길 492
전화 031-955-3535 | **전송** 031-950-9501
누리집 www.boribook.com | **전자우편** bori@boribook.com

보리는 나무 한 그루를 베어 낼 가치가 있는지 생각하며 책을 만듭니다.

ISBN 979-11-6314-009-2 03300

이 도서의 국립중앙도서관 출판예정도서목록(CIP)은 서지정보유통지원시스템 홈페이지
(http://seoji.nl.go.kr)와 국가자료공동목록시스템(http://www.nl.go.kr/kolisnet)에서
이용하실 수 있습니다. (CIP제어번호 : CIP2018023422)